TABLEAUX ANCIENS

COLLECTION

DE FEU LE DOCTEUR

VAN CLEEF

D'UTRECHT

VENTE LES LUNDI 4 ET MARDI 5 AVRIL 1864

A DEUX HEURES

TABLEAUX ANCIENS

COLLECTION

DE FEU LE DOCTEUR

VAN CLEEF

D'UTRECHT

CE CATALOGUE SE DISTRIBUE :

A Paris....................	chez M.	Pillet, rue de Choiseul, 11.
—	—	Febvre, rue Lafitte, 12.
—	—	Meffre, rue Saint-Romain, 4.
Marseille	—	Valli, marchand de tableaux, rue Paradis, 24.
Lyon....................	—	Hoëth, marchand d'estampes, rue Romarin, 9.
Londres...................	—	Colnaghi, marchand d'estampes, Pall Mall East, 14.
—	—	Farrer, New Bond street, 106.
—	—	Smith, New Bond street, 137.
—	—	Webb, 22, Cork street, Burlington Garden.
Bruxelles..............	—	Étienne Leroy, expert du musée royal, place du Grand-Sablon, 12.
	—	Héris, expert du musée royal, rue de la Charité, 33.
Anvers.....	—	Tessaro, marchand d'estampes.
	—	Verlinden, rue Bourse-Anglaise.
Liége	—	Van Marcke, marchand d'estampes, rue de l'Université.
Amsterdam.............	—	Roos, in het Huis met de Hoofden.
—	—	De Vries, Prinzengracht, 426.
—	—	Van Schooten, Prinzengracht, 511.
La Haye...............	—	Enthoven, marchand de curiosités, sur le Plein, 211.
—	—	Van Gogh, marchand d'estampes.
Rotterdam............. ..	—	Dirksen, marchand de tableaux, Schiedamschen Dijk Wijk, 3, 440.
Cologne	—	Héberlé, marchand d'antiquités.
Berlin	—	Lepke, sous les Tilleuls.
Leipzig.................	—	Brockhaus et Cᵉ.
Francfort-sur-le-Mein .	—	Professeur Oppenheim.
—	—	Antoine Baer, marchand de tableaux, place Schiller, 3.
Dresde.............	—	Arnold, marchand d'estampes.
Munich................ .	—	Oberdörfer, libraire et antiquaire, place de la Promenade, 1.
Vienne.................	—	Artaria et Cᵉ.
Saint-Pétersbourg......	—	Von Regmorter.
—	—	Negri et fils, marchands de tableaux et d'antiquités.
Rome..................	—	Durantini, peintre.
Florence...............	—	Riccieri, peintre.
Genève................	—	Kühn, marchand d'antiquités.
Berne.................	—	J. Woog, marchand de tableaux et de curiosités, Grande-Rue, 213.
Bale.............	—	Schruber et Walz, marchands d'objets d'art.

TABLEAUX ANCIENS

COLLECTION

DE FEU LE DOCTEUR

VAN CLEEF

D'UTRECHT

VENTE

A L'HÔTEL DROUOT, SALLE N° 7

à deux heures

LES LUNDI 4 ET MARDI 5 AVRIL 1864

MANDATAIRE DES HÉRITIERS

M. VAN SCHOOTEN, taxateur

Prinzengracht, 511, à Amsterdam

Commissaire-Priseur : M. PILLET, rue de Choiseul, 11
Experts : M. MEFFRE aîné, rue Saint-Romain, 4
M. FEBVRE, rue Lafitte, 12

EXPOSITION PARTICULIÈRE | EXPOSITION PUBLIQUE

le samedi 2 avril | le dimanche 3 avril

PARIS

IMPRIMERIE DE J. CLAYE

7, RUE SAINT-BENOIT

La vente est faite au comptant, et les acquéreurs payeront
5 pour 100 en sus du prix d'adjudication.

H. — Hauteur.

L. — Largeur.

T. — Toile.

B. — Bois.

C. — Cuivre.

Parmi les belles collections de la Hollande, si riche en galeries particulières, on comptait naguère celle du docteur van Cleef, à Utrecht. Les étrangers allaient la visiter, comme ils visitent les galeries Six, van Loon, van Brienen, à Amsterdam, celle du baron Steengracht, à La Haye, etc.

Le docteur van Cleef étant mort en 1861, sa collection fut transportée à Amsterdam et ses héritiers durent se décider enfin à la vendre. M. van Schooten, d'Amsterdam, et M. Meffre, de Paris, furent chargés de préparer cette vente.

La galerie van Cleef avait été formée dans les conditions les plus favorables. Le docteur y avait consacré de longues années, et dans un temps, assez reculé déjà, où la Hollande n'avait pas encore été dépouillée de ses anciens trésors par les étrangers, et surtout par les Anglais. Il y a trente ans, on trouvait encore, chez la plupart des familles hollandaises, de vieilles peintures qui n'avaient pas bougé depuis le xviie siècle. M. van Cleef avait profité de ces occasions, devenues rares, mais il n'avait pas manqué non plus d'acheter dans les ventes fameuses, par exemple à celle du roi Guillaume II. C'est de cette vente que provient le Rembrandt, entre autres. Un Rembrandt de cinq figures, ce n'est pas commun. En tableaux hors ligne, il faut citer, à côté du Rembrandt, le grand et superbe Buckhuizen, le *Christ dans la barque*, et l'*Intérieur de famille bourgeoise*, par Pieter de Hooch. Les autres maîtres de premier ordre, représentés dans la collection, sont Ruisdael, Hobbema, Wijnants, Philips Wouwerman, Aart van der Neer, Terburg, Metsu, Jan Steen, van Huijsum, de Heem, de Hondecoeter, Fyt, etc. Viennent ensuite des œuvres très-distinguées de maîtres moins illustres, mais non moins habiles, en leur genre, Kalf, de Witte, Ravestein, Decker, Pijnacker, Nicolaas Maes, Netscher, etc.

Nous avons décrit, avec une sobre exactitude, ces tableaux dont le souvenir doit être conservé, après leur dispersion. Mais nous nous sommes abstenus de phrases élogieuses. Il est tout simple qu'on trouve de bonnes peintures dans la collection d'un riche amateur hollandais.

Quelques-uns des maîtres mentionnés dans ce catalogue sont peu connus en France. A la suite de leurs noms, on a dû ajouter certains renseignements. Pour les maîtres célèbres, leur nom suffit. Cependant, nous avons noté parfois des dates rectificatives ou des indications récemment découvertes, par exemple, à Hobbema, à Metsu, à Memling. Des catalogues faits avec soin contribueraient sans doute à l'éclaircissement et à la vulgarisation de l'histoire de l'art.

CATALOGUE

COLLECTION VAN CLEEF

ASCH (P. J. VAN).

1. — Entrée de forêt.

En avant d'une bordure de grands arbres, une route, sur laquelle un cavalier en manteau rouge, monté sur cheval blanc, est accosté par un pauvre.

Signé du monogramme, en bas à gauche, et daté 1657.

B. — H. 0.39. L. 0,33.

2. — Paysage.

Site accidenté. A droite, de grands arbres; à gauche, percée sur un pays découvert, avec de hautes collines à l'horizon.

Pendant du précédent.

BADEN (H. G. VAN).

Pas de renseignements sur ce maître, qui a une certaine analogie avec van Delen.

3. — Intérieur de palais.

Dans le péristyle dont une grande ouverture arquée laisse apercevoir une échappée de paysage et au second plan une riche maison à perron, se promène un gentilhomme, vêtu de rouge, avec une dame en robe noire et jupon vert. Dans une pièce en retrait, à gauche, par une porte ouverte, on voit un homme et une femme assis près d'une fenêtre.

Signé en toutes lettres et daté 1637.

Ce tableau rappelle un peu ceux de van Delen et de Palamedes.

B. — H. 0,37. L. 51.

BACKHUIZEN (LUDOLF).

4. — Le Christ dans la barque, pendant la tempête.

Superbe marine, du caractère le plus dramatique. A gauche, sur un flot terriblement soulevé, est la barque frappée d'une lumière pâle. Le Christ, tranquillement assis, le bras droit accoudé contre une paroi de l'embarcation, fait de la main gauche un geste, répondant à saint Pierre, qui croise les deux mains en signe de désespoir. Les marins s'efforcent de baisser les voiles et font des manœuvres énergiques pour redresser la barque presque renversée. Sur la droite, au second plan, une autre barque paraît aussi en danger. La terre pourtant n'est pas éloignée, car on aperçoit à droite les rochers de la côte. Le ciel est sombre et chargé de nuages noirs ou violacés. C'est le chef-d'œuvre du maître et son tableau le plus important.

La signature entière, en lettres romaines, est sur la barque du Christ, et la date 1704 sur un morceau de bois flottant.
T. — H. 1,20. L. 1,76.

5. — Portrait de Backhuizen, peint par lui-même.

A mi-corps, de grandeur naturelle, la tête de face. Vaste perruque blonde, dont les boucles descendent sur les épaules. Large manteau, violacé, doublé de soie safran. La main droite en avant et en lumière tient délicatement la plume de calligraphe. A droite, percée sur un paysage avec arbres et architecture.

Au dos de la toile est écrit, en vieille écriture hollandaise : « Ludolph Backhuizen, né à Emden le 29 décembre 1631, mort le 7 novembre 1709, artiste peintre, marié avec Anna de Hooghe. »
T. — H. 0,78. L. 66.

6. — Portrait de la femme de Backhuizen.

En buste, de trois quarts à gauche. La chevelure tombe en boucles sur le cou nu ; des perles aux oreilles ; une mantille noire, dont la main droite soutient les plis. Fond de paysage avec grands arbres, et à gauche un ciel rouge de soleil couchant.

Pendant du précédent et mêmes dimensions.

Au dos de la toile est écrit : Anna de Hooghe, née le 14 juin 1643, morte en février 1717, mariée le 2 juin 1680, avec Ludolph Backhuizen, artiste peintre, mes arrière-grand-père et arrière-grand-mère.

Ces inscriptions ajoutent, on le voit, quelques renseignements à la biographie connue de Backhuizen.

BEGA (CORNELIS).

7. — Les Musiciens ambulants.

Dans une chambre rustique, une femme assise joue de la guitare et un homme chante, en regardant un cahier de musique. Près d'eux, une basse ; par terre, sont amoncelés des livres, des cahiers et divers accessoires. Sur une table couverte d'un tapis vert, une grande aiguière.

Signé en bas, à gauche : *C. Bega*.

8. — Intérieur rustique.

Famille de villageois. La mère tient sur ses genoux son nourrisson. Le mari fume. Une servante apporte un pot de bière. Près d'eux un berceau, des ustensiles de ménage, des draperies et autres accessoires. La pièce est vivement éclairée par une fenêtre à volet.

Pendant du précédent, même signature et mêmes dimensions.

·BLOEMAERT (ABRAHAM).

9. — Portrait d'homme à longue barbe blanche.

Vu presque de face, de grandeur naturelle. Il est coiffé d'une toque garnie de fourrures jaunâtres.

Signé à droite, en haut.

B. — H. 0,54. — L. 0,54.

10. — Portrait de vieille femme.

Ses cheveux blancs sortent de dessous un mouchoir en cornette sur la tête. Corsage jaunâtre et fichu blanc sur le cou.

Pendant du précédent et mêmes dimensions.

11. — Étude de cinq têtes d'homme.

T. — H. 0,24. — 0,32.

BOSSUS (P. L.).

Pas de renseignements sur ce maître, qui paraît tenir à l'École allemande.

12. — *Vanitas.*

Tableau de *nature morte*, avec sablier, livres, armes, instruments de musique, draperies, etc.

Signé en bas, à gauche : *Bossus*, avec paraphe.
B. — H. 0,72. — L. 0,90.

13. — *Vanitas.*

Composition analogue à la précédente, avec tête de mort, coupes renversées, montre, livres, instruments de musique, etc.

Sur les manuscrits ouverts, on lit une inscription où se trouvent le nom de Johann de Wael et la date 1656.
B. — H. 0,93. — L. 0,89.

BOTH (D'APRÈS).

14. — Paysage italien, en pleine lumière.

Sur un chemin, une charrette et divers personnages.
B. — H. 0,44. — L. 0,55.

BRAMER (LÉONARD).

15. — La Présentation au Temple.

Siméon agenouillé tient dans ses bras l'enfant. Près de lui, la Vierge agenouillée et Joseph debout. A droite, l'autel et les vases sacrés. A gauche, des rabbins assis et d'autres personnages. Fond d'architecture, dans un ton gris perle.

Signé en toutes lettres, au bas, à droite.
B. — H. 0,45. — L. 0,63.

BREEMBERG (BARTOLOMEUS).

16. — Saint François en extase.

Il est agenouillé à gauche, en avant d'un paysage dont les fonds sont bleutés.

B. — H. 0,15. — L. 0,20.

CAMPHUIJSEN (GOVERT).

Élève de Paulus Potter.

17. — Les Baigneurs.

Paysage traversé par une rivière dans laquelle se baignent une douzaine de figurines. A gauche, sous de grands arbres, deux vaches. A droite en avant, des moutons. Effet de fraîcheur et de douce lumière.

T. — H. 0,90. — L. 1,16.

18. — Paysage boisé.

Sur un chemin entre des talus, un paysan, en veste rouge, va vers un groupe de chaumières. Peinture très-vigoureuse et comme brodée par la touche.

B. — H. 0,25. — L. 0,34.

19. — La Poule couveuse.

Elle est accroupie sur le panier où elle couve. A droite, un vase en terre rouge, un morceau de bois et quelques plumes.

Signé en toutes lettres, en bas, à gauche.

B. — H. 0,46. — L. 0,62.

CANALETTO (ANTONIO).

20. — La Douane.

Vue de Venise. Tout le premier plan occupé par l'eau, couverte de barques, avec personnages spirituellement mouvementés.

T. — H. 0,30. — L. 0,46.

CANALETTO (ANTONIO).

(Suite.)

21. — L'Académie.

Le bâtiment de l'Académie, avec la tour et un coin de quai, à droite. Sur la gauche, de l'autre côté du canal, une rangée de maisons. Plusieurs barques sur l'eau, et sur le quai beaucoup de figurines, très-vives et très-élégantes.

Pendant du précédent.

CARRÉE (MICHIEL).

22. — Passage de gué.

Des chèvres, des moutons, des vaches, un âne chargé d'agneaux, deux pâtres, dont un porte sur ses épaules un agneau, un homme en manteau rouge, conduisant un âne, vont passer un gué, près d'une fontaine à bas-reliefs. A gauche, fond de paysage à montagnes bleutées.

Signé en bas, à droite, en toutes lettres, et daté 1692.

T. — H. 0,59. — L. 0,71.

CUIJLENBURG (ABRAHAM VAN).

Né à Utrecht, imitateur de Poelenburg.

23. — La Madeleine.

Dans l'intérieur de ruines, elle est agenouillée, les bras étendus, le regard au ciel, où apparaît une gloire d'anges qui lui apportent des palmes et des couronnes. A gauche, percée sur un ciel bleu.

Signé à gauche, en bas, du monogramme AVC, les trois lettres accolées. Les signatures de Cuijlenburg sont rares ; elles ont été bien souvent effacées pour attribuer les tableaux à Poelenburg.

B. — H. 0,38. — L. 55.

DECKER (CORNELIS).

24. — Village au bord d'un fleuve.

La maison principale est enveloppée de plantes grimpantes. A la porte, une femme cause avec un vieux paysan. Sur un balcon, au premier étage, une paysanne accoudée. A droite, les dépendances, des cabanes, de la paille, etc. A gauche, des maisons et des moulins, en amphithéâtre sur le bord du fleuve. Tout à fait à gauche, au dernier plan, l'autre rive, et, dans le lointain, un village et son clocher. Première qualité du maître.
Signé et daté 1653.
B. — H. 0,48. — L. 0,64.

DELFF (WILLEM).

Peintre et graveur, mort en 1638.
Fils du grand portraitiste Jacob Willemsz Delff; il avait épousé une fille de Mierevelt, dont il a gravé beaucoup de portraits.

25. — Portrait de Jean Pietersz Hooft, mari de Giertge Lons, fille de Jan Allardsz Lons.

A mi-corps, de grandeur naturelle.
T. — H. 0,70. — L. 0,60.

26. — Portrait de Jean Allardsz Lons, mari de Brecht Reyers Canter.

A mi-corps, de grandeur naturelle. A droite, percée sur la mer.
Les noms de ces personnages sont écrits derrière les toiles.
T. — H. 0,75. — L. 0,65.

DIETRICH (C. G. E.).

27. — Le Philosophe.

Le vieux philosophe à barbe blanche est assis devant une table à tapis rouge, lisant dans un grand livre, près d'une fenêtre arquée, ouverte à gauche et par laquelle vient la lumière. A droite, par une arcade, on voit une seconde pièce aux murailles nues.
T. — H. 0,45. — L. 0,35.

DUIJNEN (JAN BAPTIST VAN).

Né à Anvers en 1620.

28. — Le Homard.

Sur une table de pierre, sont étalés des poissons. Au milieu, deux grands poissons dans un panier. A droite, un turbot, une sole et des tranches de poisson dans un plat rouge sur un seau. A gauche, le homard et deux huîtres.

Signé sur la tablette de pierre.

On rencontre plusieurs des tableaux de van Duijnen dans les Catalogues de G. Hoet.

T. — H. 0,83. — L. 1,20.

FRANKEN (FRANS), LE JEUNE.

29. — L'Annonciation.

A droite, la Vierge agenouillée. A gauche, l'ange aux ailes diaprées. Entre eux, le pigeon dans une gloire rayonnante.

C. — H. 0,30. — L. 0,24.

FYT (JOANNES).

Né à Anvers en 1609.

30. — Gibier, fruits et fleurs.

Sur une dalle de pierre, une vasque en marbre veiné, de laquelle sortent des branches de boules de neige et des tulipes. Sur la vasque, un grand plat bleu du Japon, plein de raisins avec feuilles de pampres, des abricots, etc. En avant, sur un linge blanc tacheté de sang, un lièvre étendu sur le dos et deux perdrix. Tout auprès, un chien épagneul qui aboie. Un singe regarde à droite, entre le plat et la vasque. Fond de rideau cramoisi, avec un pan d'architecture. Tableau de première importance.

Signé JOANNES FYT.

T. — H. 1,19. — L. 1,48.

GOIEN (JAN VAN).

31. — La Plage de Scheveningen.

Nombreux personnages sur la plage. Groupes de toute sorte : pêcheurs, marins, cavaliers; des charrettes, des barques échouées; en mer, quelques voiles. A droite, en arrière des dunes, le clocher du village de Scheveningen. Ton vigoureux, dans le style d'Aalbert Cuijp.

Signé du monogramme VG accolés, et daté 1650.

B. — H. 0,49. — L. 0,57.

HALS (FRANS).

32. — Portrait d'homme à barbe blanche.

De trois quarts à gauche, à mi-corps. Calotte noire, rabat uni, costume noir; la main droite contre la poitrine, la main gauche tenant un livre à fermoirs d'argent.

A droite, sur le fond, le monogramme FH accolés.

B. — H. 0,74. — L. 0,63.

HALS (DIRK).

Frère de Frans Hals.

33. — Société galante.

Intérieur d'appartement, avec neuf figures. Au milieu, en pleine lumière, une jeune femme assise, élégamment vêtue. A gauche, un gentilhomme, vu de dos, tend un vidercome dans lequel un page, le bras levé, verse du vin. A droite, groupe de musiciens, un homme debout pinçant de la mandoline et causant avec une femme assise, en jupon de satin blanc et surtout de soie jaune, une femme vue de dos, etc.

Fond de lambris gris clair, avec plusieurs tableaux, dont *Vénus et Adonis*.

B. — H. 0,60. — L. 0,82.

HALS (FRANSZOON?)

Un des fils de Frans Hals.

34. — Portrait de jeune garçon.

A mi-corps, debout, de grandeur naturelle, la main droite posée sur une canne. Longs cheveux roux, tombant en boucles. Pourpoint rosâtre; sabre pendant à une écharpe.

Cette peinture énergique rappelle assez Frans Hals, et on a cru pouvoir l'attribuer à un des fils de Frans.

B. — H. 0,70. — L. 0,60.

HEEM (JAN DAVIDSZ DE).

35. — Fruits et accessoires.

Sur le bord d'une console, un plat d'argent, avec des pêches et des raisins, une coupe d'argent ciselé, un vidercome mi-plein de vin du Rhin, une assiette d'argent, sur laquelle une branche de rosier avec deux roses fleuries, une pêche ouverte, une montre, un bout de tapis oriental.

Signé du monogramme, à gauche, sur le bord de la console.

T. — H. 0,86. — L. 0,71.

36. — L'Aiguière d'argent.

Sur le bord d'une console, une aiguière en argent ciselé, un plat d'argent sur lequel une grenade ouverte, une huître, un couteau à manche d'agate, un plat de delft, dans lequel une orange, un citron et des raisins, un vidercome monté sur pied d'or ciselé, une grappe de raisin, un citron dont l'écorce se tortille sur une draperie amaranthe.

Signé du monogramme sur la tablette.

T. — H. 0,98. — L. 0,84.

HEEMSKERK (MARTEN VAN).

Né à Heemskerk en 1498, mort en 1574. Élève de Jan van Scoorel.

37. — Portrait d'homme.

A mi-corps, debout, tourné vers la droite, les deux mains jointes au-dessus

HEEMSKERK (MARTEN VAN).

(Suite.)

d'un livre fermé sur un pupitre. Il porte une grande houppelande noire, bordée de fourrures ; les manches rouges.

Signé MVHEEMSKERK, les trois premières lettres accolées.

T. — H. 1,05. — L. 0,80.

38. — Portrait de femme.

Tournée vers la gauche, les deux mains jointes sur son livre ouvert sur un pupitre. Cornette blanche, corsage noir, large surtout en fourrures, manches rouges. Des bagues aux doigts.

Pendant du précédent.

Ces deux portraits paraissent être les volets d'un triptyque, où les personnages figuraient comme donateurs.

Au dos des tableaux sont les inscriptions suivantes, en hollandais :

« M. Claas Jansz. Chijs fut, en 1529 et 1530, pensionnaire de Middelburg, en Zeeland ; en 1548, échevin à Amsterdam ; marié avec Maria Koerten, fille de Jorisz de Grebber et de Griet (Marguerite) van Heemskerk, — veuve de Dirk van Gisp, avec deux filles. »

« Maria Koerten, fille de Koert Jorisz. de Grebber et de Griet (Marguerite) van Heemskerk ; mariée en premières noces avec Dirk van Gisp, et en secondes noces avec Claas Jansz. Chijs, d'abord pensionnaire de Middelburg, puis échevin d'Amsterdam. »

HOBBEMA (MEINDERT).

Né en 1638 (à Amsterdam?), marié en 1668 à Amsterdam, mort dans la même ville en décembre 1700.

39. — Au bord de la forêt.

Paysage boisé, avec des maisons disséminées sous des bouquets d'arbres, avec des chemins qui s'entre-croisent. Au milieu, la lumière frappe sur une route principale, au bout de laquelle on découvre une percée de pays. Une femme assise au bord de la route cause avec un homme et un enfant debout. Vient un autre homme, en casaque jaune. A gauche, une grande chaumière. A droite, quelques maisons à des plans plus éloignés et plusieurs personnages. Ces figurines, au nombre d'une dizaine, sont de la main de Hobbema lui-même ; car cette peinture large, vive, émouvante, semble avoir été faite d'après nature. Elle a une ampleur toute magistrale, un effet profondément senti.

B. — L. 1,06. — H. 0,75.

HOBBEMA (STYLE DE).

40. — Paysage, avec un ciel très-lumineux.

A droite, dans l'ombre, groupe de grands arbres. A gauche, coups de lumière sur les fonds. En avant, de l'eau, avec un bateau et quatre personnages.

B. — H. 0.34. — L. 0,41.

HOET (GERARD).

Né à Bommel en 1648, mort à La Haye en 1733. Élève de Warnard van Rijsen.

41. — Portrait de jeune femme.

Vue jusqu'aux genoux, tournée de trois quarts à gauche. Elle est assise dans un parc, la main droite posée sur la vasque d'une fontaine. Robe de satin blanc et draperie rose, attachée par une agrafe sur l'épaule gauche. Très-fin, comme Netscher.

Signé à droite, en bas : *G. Hoet.*

T. — H. 0,50. — L. 0,45.

HONDEKOETER (MELCHIOR DE).

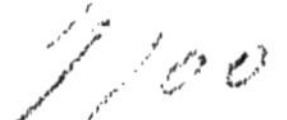

42. — La Chèvre couleur chamois.

De grandeur naturelle et tournée vers la gauche; elle est couchée, au milieu de la composition, son petit chevreau près d'elle. Par une percée lumineuse à gauche, on aperçoit, à des plans successifs, un troupeau de chèvres, le pâtre, des moutons, et un horizon à collines bleutées. A droite, en avant, un superbe coq rouge, une poule noire et fauve, et sur un perchoir deux autres poules, effrayées par un épervier qui arrive dans l'air, à plein vol. C'est tout un drame, et les deux poules effarées semblent provoquer la protection du coq qui se dresse et agite ses ailes. Un tronc d'arbre, des plantes diverses et des feuillages servent de fond à toute la partie droite.

T. — H. 1,34. — L. 1,72.

HONDEKOETER (MELCHIOR DE).

(Suite)

43. — La Poule blanche et ses poussins.

Elle est affaissée en couveuse, et entre ses plumes blanches un de ses petits passe sa tête fauve. En avant, trois autres poussins, un blanc, un noir, un roux. Sur un pan de mur, au-dessus de la poule, est perché un oiseau au plumage rosâtre. Fond d'arbres, et, à gauche, une échappée de paysage. Première qualité.

Signé en toutes lettres.

T. — H. 0,61. — L. 0,68.

44. — Le Coq rouge.

Debout, vu par derrière, la tête retournée. A droite, la poule, au plumage de couleur safran, est couchée, une tête blanche de petit poussin sortant entre ses plumes. Quatre autres petits poussins en avant. A gauche, sur un petit tertre, un canard étranger, et en haut, sur une branche, le même oiseau rosâtre que dans le tableau précédent. Beau fond de paysage.

Signé, à droite en bas, du monogramme, et daté 1672.

T. — H. 0,91. — L. 0,80.

HONTHORST (GERARD).

45. — Portrait d'homme à barbe.

Vu jusqu'aux genoux, tourné à droite, la main gauche gantée, la main droite sur la hanche. Costume noir, fraise tuyautée. De grandeur naturelle.

B. — H. 1,10. — L. 0,82.

HONTHORST (WILLEM).

Frère de Gerard.

46. — Portrait de jeune femme.

A mi-corps, de grandeur naturelle. Guimpe blanche, corsage noir. La main gauche tient un éventail à manche rouge.

Signé en toutes lettres, et daté 1646.

B. — H. 0,75. — L. 0,60.

HOOGH (PIETER DE).

47. — Le Berceau.

Intérieur de ménage bourgeois. Au milieu, la jeune mère, assise et vue de face, allaite son baby qu'elle tient couché sur son giron. Son pied gauche repose sur une chaufferette. Elle a un caraco rouge vif, bordé d'hermine, une jupe de satin rosâtre à reflets argentins, un tablier bleu clair; sur sa tête une sorte de faille blanche. A sa gauche, la servante debout, corsage jaune et jupon gris, lui montre une botte d'asperges. En avant, le berceau en osier tressé, avec une couverture de laine jaune serin. A gauche, dans l'ombre transparente du second plan, le mari assis près de la haute cheminée soigne un rôti devant le feu. Tout à fait à gauche en avant, un chien qui boit dans un seau, un vase en terre rouge, un balai. Au-dessus du manteau de la cheminée est accrochée une cage dans laquelle est un oiseau. A droite, par une porte ouverte, on aperçoit le quai, des arbres et le canal. Le fond de la pièce est garni de meubles et d'étagères avec des pots et des plats.

Signature entière, sur le pan latéral de la cheminée.

Tableau clair, fin, lumineux, pur, et de haute distinction.

T. — H. 0,70. — L. 0,81.

HUIJSUM (JAN VAN).

48. — Le Nid.

Sur une tablette en marbre, un nid d'oiseau avec des œufs bleus, une rose épanouie, une rose jaune, un œillet, des boutons de rose, des pois de senteur. Un peu en arrière, dans un vase en terre cuite, avec bas-relief d'enfants, des branches de pavot. En avant, tombe en guirlande une branche de volubilis. Des papillons, des insectes, des mouches sont posés sur des fleurs. Qualité la plus délicate du maître.

Signé en toutes lettres sur la tablette.

C. — H. 0,53. — L. 0,42.

49. — La Souris.

Sur une tablette, une souris grignotte une noix, près d'une grappe de groseilles et d'une grosse prune. A droite, une grappe de raisin noir. A gauche, une pêche et deux abricots. Une grande branche de pampre, appuyée contre le lambris, laisse tomber sur la tablette ses grappes de raisins mûrs. En avant, une branche de capucines avec fleurs.

Signé en toutes lettres.

Pendant du précédent.

KALF (WILLEM).

50. — La Potiche bleue.

Sur le rebord d'une console, couverte d'un épais tapis oriental, une grande potiche bleue et blanche, un haut et élégant vidercome, décoré de ciselures d'or, un plat d'argent ciselé, un citron dont l'écorce détachée tombe en spirales, une orange, un couteau, une coupe, une montre ouverte, un morceau de fromage hollandais, etc.

Signé W. KALF et daté 1669, en bas, à gauche.

C'est un des chefs-d'œuvre de ce grand peintre.

T. — H. 0,78. — L. 0,67.

KEIJSER (THEODOR DE).

Né vers 1595, mort vers 1660.

51. — Portrait de femme debout.

De la main droite elle prend une pêche sur un plateau d'argent, déposé sur une console portée par un sphinx ailé. Sa robe noire relevée laisse voir un jupon gris à reflets d'argent. Un petit épagneul jappe à ses pieds. A gauche, ouverture sur un parc, et, sur l'appui de la fenêtre, deux paons.

B. — H. 0,71 — L. 0,55.

52. — Portrait de jeune femme, en buste.

Cornette blanche, grande fraise plissée et ferme, costume en soie noire ouvragée.

Signé, à gauche, sur le fond, du monogramme : *Anno 1652, œtatis suæ 52.*

B. — H. 0,32. — L. 0,26. Octogone.

LEDUC (JAN).

53. — La Nourrice.

La nourrice est assise à gauche, tenant son enfant sur ses genoux, près d'une table chargée de gibier, de légumes et d'accessoires. En avant, le berceau. A droite, au second plan, une cuisinière debout devant la cheminée. Au lambris gris sont accrochés un gril, des pincettes, etc.

A. — H. 0,30. — L. 0,38.

MAES (NICOLAAS).

Né à Dordrecht en 1632, mort à Amsterdam vers 1693.

54. — Portrait de femme debout.

De grandeur naturelle, vue jusqu'aux genoux, tournée vers la gauche; le bras droit accoudé sur une balustrade couverte d'une draperie écarlate; le bras gauche nu, avec bracelets de perles, pendant contre la taille. Costume noir. Fond d'architecture, avec rideau rouge, et à gauche, percée sur un parc et sur un effet de soleil couchant.

Signé à droite, en bas : N. MAES *f*. 16...

Les deux derniers chiffres sont illisibles, mais la peinture accuse la seconde manière de ce grand maître.

T. — H. 1,10. — L. 0,90.

55. — Portrait de jeune homme.

En buste, mi-nature, presque de face. Longs cheveux tombant sur pourpoint jaune et manteau violacé. A droite, fond de ciel, avec effet de soleil couchant.

Signé au bas, à droite, N. MAES. 1676.

T. — H. 0,44. — L. 0. 0,31.

56. — Portrait de jeune femme.

Pendant du précédent et portant les mêmes armoiries. Des cheveux blonds bouclés tombent sur le front et sur le cou découvert. Corsage de soie jaune à reflets d'or. Fond de rideau rougeâtre et percée de ciel.

MASS (P. A. VAN).

Pas de renseignements biographiques sur ce peintre, qui doit avoir travaillé à Amsterdam au milieu du XVIIe siècle.

57. — Poissons de mer.

Une raie sur un plat de terre rouge. A droite, dans un panier, des tranches de saumon, une sole et un autre poisson. En avant, une étoile, des coquillages, etc.

Signé en bas, à gauche : PAV (en monogramme) : MASS. *f*.

MEMLING (HANS).

Mort à Bruges vers 1495.

58. — Saint Luc dessinant le portrait de la Vierge.

Le saint, tourné vers la gauche, est vu à mi-corps, tenant de la main
gauche un papier sur lequel est dessinée la tête de la Vierge, et de la main
droite son stylet. Il porte sur la tête une toque brune; son manteau rouge,
bordé de fourrures aux poignets, forme de grands plis cassés. A gauche,
par une fenêtre ouverte, on voit un paysage avec des rochers sur le bord
d'un fleuve. Cette belle peinture semble du même faire que le *Bap-
tême du Christ*, de l'Académie de Bruges.

B. — H. 0,51. — L. 0,37.

METSU (GABRIEL).

Mort à Amsterdam vers 1668.

59. — Jeune femme écrivant une lettre.

Elle est assise sur une chaise à dossier de bois sculpté, devant une table
couverte d'un tapis turc, d'un rouge vif. Vue à mi-jambe, le corps tourné
vers la gauche, la tête de face et souriante. Les doigts de la main gauche
posés sur le bord du tapis, le coude droit sur la table et la petite main en
l'air; elle trempe sa plume dans un encrier de métal. Caraco noir, bordé
d'hermine, jupon feuille morte. Longues boucles d'oreille, en argent ciselé.
Sur la tête, une cornette blanche. Un petit épagneul s'approche de sa maî-
tresse. Au fond, sur le lambris, un tableau représentant une marine est
mi-voilé par un rideau vert. A gauche, une cheminée à colonnes.

Signé sur le pilastre du haut de la cheminée.

B. — H. 0,38. — L. 0,34.

60. — La Marchande de *koeke*.

Vieille femme assise, sous l'auvent de sa boutique, le corps tourné à
gauche, la tête regardant de face. Elle réchauffe ses mains à sa chaufferette en terre, posée sur son giron. Sur la tête, une cornette noire. Tablier
bleu, manches orange. Devant elle, sur le feu, cuisent des gâteaux (*koeke*).
Un peu plus loin, un panier de pommes. A gauche, par l'ouverture de
la boutique, échappée de vue sur la ville : un pont, des maisons et quelques arbres.

Signé et daté sur le pan de mur. Les deux derniers chiffres de la date sont
illisibles.

B. — H. 0,35. — L. 0,28.

METSU (GABRIEL).

(Suite.)

61. — Portrait de Metsu, par lui-même.

Il est assis, tourné vers la gauche et vu à mi-jambes, devant une table sur laquelle il allume sa longue pipe dans un réchaud en terre rouge. Une chandelle allumée brûle sur la table, derrière laquelle on aperçoit le chevalet du peintre.

Signé en toutes lettres, sur le côté de la table.

B. — H. 0,30. — L. 0,24.

MONNOYER (JEAN-BAPTISTE).

62. — Grand vase de fleurs, ciselé et doré, posé sur une corniche en marbre veiné de vert.

A droite, on aperçoit partie d'un autre vase, et à gauche, un pan de rideau en soie mordorée. Dans le grand vase, une abondance de belles fleurs, glayeuls, roses, seringas. Autour du vase et tombant des deux côtés sur la corniche, riches guirlandes où sont entremêlés des roses, des pavots, des tulipes, des œillets d'Inde, des tubéreuses, des pivoines avec branches et feuilles. Fond gris perle.

C'est une des plus magnifiques peintures du maître.

T. — H. 1,08. — L. 1,62.

63. — Grand vase posé sur une console.

Large et splendide bouquet de roses, tulipes, roses-trémières, œillets et œillets d'Inde, pavots, tubéreuses, iris, volubilis, etc. Fond gris. Superbe de disposition et d'éclat.

64. — Vase de fleurs.

Roses, tulipes, boules de neige, iris, soucis, pavots, roses-trémières, marguerites, branches de lilas, narcisses, etc. A droite, sur l'anse du vase, est perché un perroquet. Sur la plinthe, au pied du vase, un épervier.

65. — Vase de fleurs.

Pavots, tubéreuses, roses, bleuets, narcisses, amaranthes, œillets, etc. A gauche, dans une corbeille, des fruits, pêches, raisins, prunes, etc.

Ces quatre magnifiques pendants ont la même dimension.

NEER (AART VAN DER).

66. — Clair de lune.

Un fleuve, bordé à gauche d'une rangée de maisons ombragées d'arbres et qui s'échelonnent jusqu'au fond, à l'horizon, où l'on aperçoit le clocher d'un village. En avant, comme repoussoir, des arbres dépouillés, des broussailles et des joncs. A gauche, plusieurs figurines marchant sur le chemin qui côtoie le fleuve. Là est le monogramme du maître, à l'angle du bas. La lune va paraître, au-dessus d'un toit, vers le milieu de la composition, et sa lumière, qui éclaire déjà une partie du ciel, se reflète sur la masse d'eau. Peinture de la plus fine qualité.

B. — H. 0,27. — L. 9,37.

67. — Clair de lune.

Vue d'un canal, bordé à droite d'une maison et de grands arbres; à gauche, un moulin à vent, et en avant un bateau avec des pêcheurs. La lune se lève à droite au-dessus des grands arbres.

B. — H. 0,26. — L. 0,22.

NETSCHER (GASPAR).

68. — Jeune fille debout.

Elle est vue à mi-jambes, tournée vers la droite et détachant une branche d'un oranger planté dans un vase orné de bas-reliefs. Ses cheveux, d'un blond cendré, tombent en fines bouclettes sur son front et en longues boucles sur ses épaules nues. Robe de satin blanc décolletée, qui laisse voir une partie du sein, et les bras nus. A gauche, fond d'architecture. A droite, percée sur un ciel du soir. La robe de satin est comme celles que peignit Terburg. Qualité exquise.

T. — H. 0,72. — L. 0,57.

NETSCHER (CONSTANTIN).

69. — Portrait de jeune homme.

Il est assis, en robe de chambre jaune, le coude appuyé sur une table où est une écritoire. Il est vu à mi-jambes et tourné vers la droite.

T. — H. 0,49. — L. 0,40.

NICKELE, NICKELLE ou NIKKELEN
(ISAAC VAN).

Pas de renseignements sur sa biographie. Il travaillait
en Hollande vers la fin du XVIIe siècle.

70. — Intérieur de temple.

La grande travée est inondée de lumière. A droite et à gauche, des
stalles en bois le long des piliers. En avant, sur la gauche, un gentilhomme et une dame, debout, causent ensemble. Plusieurs autres figurines,
délicatement touchées.

Signé, en bas, vers le milieu, sur une dalle.

T. — H. 0,31. — L. 0,35.

OSTADE (ADRIAAN VAN).

**71. — Paysan accoudé sur la demi-porte de sa maison,
surmontée de vignes et de plantes.**

Il est coiffé d'une toque noire et vêtu d'une casaque brunâtre. Très-fin
de physionomie. Très-fort de ton.

B. — H. 0,29. — L. 0,21. Ovale.

PIETERS (GEERTJE).

Servante de Maria van Oosterwijk et élève de Willem van Aalst (Houbraken).
Brulliot donne son monogramme sous le nom de Clara Peeters.

72. — Vanitas.

Sur une table, une tête de mort est posée sur deux livres. Contre
l'oreille de la tête, un verre est renversé. Près d'une écritoire renversée,
une plume. A gauche, une lampe qui s'éteint. Peinture claire, fine et harmonieuse.

Signé du monogramme P, avec un c sur la tige du P, et daté 1628.

B. — H. 0,24. — L. 0,38.

POTTER (PAULUS).

73. — Trois Vaches dans un pâturage.

A gauche, une vache fauve, debout, tournée vers la droite. En avant, une vache blanche, couchée, et, un peu derrière elle, la troisième, également couchée, près d'un tronc d'arbre touchant à un barrage en planches. Ciel sombre et pluvieux. Au fond, sur la droite, vaste étendue de pays découvert, borné à l'horizon par des dunes.

La signature entière, suivie d'une date peu lisible, est sur le barrage en planches.

B. — H. 0,35. — L. 0,38.

POTTER (D'APRÈS).

74. — Le Taureau.

Sur un tertre, à gauche, un taureau rouge, regardant de face, et une vache noire couchée. A droite, sur un chemin, deux moutons couchés et une vache fauve, vue par derrière. Ancienne copie d'un tableau qui est en Angleterre (?).

B. — H. 0,33. — L. 0,40.

PIJNACKER (ADAM).

75. — Le Hêtre.

Paysage italien, avec un tronc de hêtre au premier plan, des buissons, une éminence sur laquelle est assis un pâtre entouré de ses chèvres. Au second plan, un coteau avec de petits troupeaux. Fond de montagnes, effet de soleil couchant. En avant et dans l'air, divers oiseaux volant ou perchés, un héron, un hibou, un épervier, etc.

Signé en toutes lettres, en bas, à gauche.

T. — H. 0,78. — L. 0,68.

RAVESTEIN (JAN VAN).

Né à La Haye en 1572, mort en 1657.

76. — Portrait de femme.

En buste, de trois quarts à gauche. Boucles d'oreilles, perles et bijoux dans la chevelure; chaîne d'or autour du cou. Grande collerette fermée, en éventail. Riche costume, à dessins d'or. Superbe portrait d'une dame noble, Odisia Buijs, suivant une inscription hollandaise, écrite au dos du panneau.

Signé du monogramme JVR (accolés) *fecit.* Anno 1628.

B. — H. 0,65. — L. 0,56.

77. — Portrait d'homme.

En buste, grandeur naturelle, de trois quarts à gauche. Physionomie souriante; moustache et barbiche blondes. Grande collerette gaufrée. Pourpoint noir.

B. — H. 0,55. — L. 0,45.

REMBRANDT VAN RIJN.

78. — Le Maître de la vigne, d'après la parabole du Christ, Évangile saint Matthieu, ch. xx.

Le maître est assis, sur un fauteuil à large dossier, de l'autre côté d'une table couverte d'un tapis turc à grands dessins noirs sur fond rouge intense. Ses deux mains sont posées sur la table, et la main gauche tient la bourse pour payer les ouvriers. En avant, un livre à reliure de parchemin jaune. A droite, assis au bout de la table et vu de profil, un jeune homme écrit les comptes sur un registre ouvert et appuyé contre un pupitre.

Le maître, coiffé en turban, retourne la tête presque de profil vers un ouvrier à barbe noire, ôtant de la main gauche sa toque en fourrures, et de la main droite tenant une pièce de monnaie. Un grand rideau verdâtre sert de fond à ces deux figures.

A droite, au second plan, dans l'ombre transparente du fond, trois ouvriers causent entre eux.

Signé en toutes lettres et daté 1656, en bas, à gauche.

Smith, n° 116, décrit longuement ce tableau, qui venait d'être vendu,

REMBRANDT VAN RIJN.

(Suite.)

en 1834, dans la collection du colonel Way, après avoir passé dans la collection de M. Henry Isaacs.

Provenant, en dernier lieu, de la galerie du roi de Hollande, Guillaume II.

Gravé par Ravenet, Pether, B. Smith, Fittler et Picot.

T. — H. 1,48. — L. 1,34.

79. — Portrait d'homme (Rembrandt lui-même ?).

La tête de face et souriante, la bouche ouverte; le corps de trois quarts à gauche; hausse-col en acier, casaque brune. Fond neutre.

A gauche, en haut, le monogramme R¹.

Sur cuivre parqueté. — H. 0,22. — L. 0,19.

ROMIJN (WILLEM VAN).

80. — Le Troupeau.

Site italien. Sur le devant, des animaux au repos, trois vaches couchées et une debout, des chèvres, des moutons gardés par un pâtre. A droite, un villageois conduit plusieurs moutons et un âne sur une route dominée par un monticule boisé. Fond de montagnes.

B. — H. 0,46. — L. 0,30.

RUISDAEL (JACOB VAN).

81. — Cascade.

Site de Norwége. En avant, l'eau mousse sur des morceaux de roc et des troncs d'arbres emportés par le torrent. A droite, des rochers, des terrains montueux et boisés, une chaumière sur un plan élevé, et une éminence rocheuse. A gauche, un coteau avec bouquet d'arbres, et plusieurs figurines. Grande exécution. Composition très-poétique.

Signé à gauche.

T. — H. 0,96. — L. 1,08.

SASSOFERRATO.

82. — La Vierge en prière.

Buste de grandeur naturelle. La tête, vue de trois quarts, est enveloppée d'une draperie blanche. Les cheveux blonds tombent sur le cou. Robe rose et manteau bleu. Les deux mains sont jointes en avant.

T. — H. 0,53. — L. 0,41.

SCHIJNDEL (BERNARD VAN).

Né à Haarlem. Élève de Jelle Sibrandsz, à Leeuwarden.

83. — Le Satyre et le Paysan.

Intérieur avec figurines autour d'une table, près d'une cheminée et dans les fonds.

B. — H. 0,27. — L. 0,28.

84. — Intérieur d'estaminet.

A gauche, en avant, un homme donne de l'argent à une femme. A droite et au fond, des hommes et des femmes boivent, assis autour des tables.

Pendant du précédent. Les deux tableaux sont signés BVSchijndel (les trois capitales en monogramme). Les biographes écrivent Schendel et omettent le *van.*

Dans les Catalogues de Hoet et Terwesten sont mentionnés plusieurs tableaux de ce peintre, sectateur de Jan Steen.

SCHALCKEN (GODFRIED).

85. — La Séduction.

Jeune innocente qui s'émerveille en voyant une pièce d'or qu'une femme lui montre dans sa main, à la lumière d'une chandelle. Derrière la séductrice, un jeune homme en toque à rubans rouges. Derrière l'innocente, une vieille femme, une jeune fille qui rit et une petite fille qui montre du doigt. Très-fin et très-délicat d'exécution.

Signé, en bas, au milieu : G. SCHALCKEN.

T. — H. 0,40. — L. 0,49.

SLINGELAND (PIETER VAN).

86. — Intérieur de cuisine.

Un panier de fruits, des choux, des pommes, un couteau, un vase en terre
cuite, un bout de draperie bleue, par terre. A la muraille sont accrochés un
pot et une bassine trouée.

B. — H. 0,25. — L. 0,32.

STEEN (JAN).

87. — Le Théâtre de la foire.

Sur l'estrade, avec table garnie de fioles, Scapin en noir montre un objet
au public; près de lui une espèce d'Arlequin. Un musicien, tout vêtu de
rouge, pince de la mandoline : c'est le portrait de Jan Steen lui-même. En
bas de l'estrade, le marchand de mort-aux-rats, des hommes qui discutent,
un boiteux, un marchand de navets dans sa brouette. Sur un tonneau, les
ustensiles d'un arracheur de dents. Une charrette et d'autres accessoires.
Au fond, à gauche, le village, des baraques de kermesse, un clocher, etc.
Peinture très-spirituelle, dans un beau ton roux.

B. — H. 0,38. — L. 0,49.

88. — Joueurs de boules.

Devant une maison rustique, deux hommes jouent aux boules et deux
autres hommes les regardent. Sur un banc, un fumeur assis, et près de lui
une jeune fille souriante à qui un paysan prend la taille. A gauche, une
barrière ouverte sur un chemin qui conduit à une campagne très-acci-
dentée, où l'on aperçoit au loin un clocher et des dunes. Beau ciel, effet
de soleil couchant.

B. — H. 0,50. — L. 0,61.

STEEN (D'APRÈS).

89. — La Saint Nicolas.

Banquet autour d'une table. **Nombreuses figurines.** La mère, un peu renversée sur sa chaise, regarde son petit garçon qu'on fait boire dans un grand
vidercome.

T. — H. 0,48. — L. 0,63.

STEENWIJCK (HENDRIK VAN).

90. — Intérieur d'édifice.

Effet de lumière sous une voute. Quelques figurines par Brvegel de Velours.

B. — H. 0,11. — L. 0,16.

TERBURG (GERARD).

91. — Portrait de Terburg, par lui-même.

Le corps tourné à gauche, la tête de face, les deux mains gantées, croisées contre la taille. Chapeau noir, à haute forme et à larges bords, manteau noir, col uni. Fond gris.

A droite, le monogramme GᴛB.

B. — H. 0,28. — L. 0,21.

92. — Portrait d'homme.

Vu à mi-jambes, tourné à droite, la tête de trois quarts. Il est assis sur une chaise en bois, devant son bureau, la main gauche posée sur un livre ouvert, la droite sur son genou. Une écritoire et des papiers encombrent la table à tapis vert sombre. Au fond, des livres rangés sur des étagères, une carte et une mandoline accrochées au mur.

Signé du monogramme, à droite en haut.

C. — H. 0,41. — 0,29.

TERBURG (CONSTANTIA?)

Fille de Gerard Terburg.

93. — Portrait de jeune homme.

Il tient de la main droite un livre. A mi-corps.

B. — H. 0,24. — L. 0,22.

UPPING (H.)

94. — Bouquet de fleurs.

Dans un vase sur le bord d'une console, des roses, des œillets, des iris, des jacinthes, des volubilis, des myosotis, des œillets de poëte, une anémone. Un limaçon s'approche sur la tablette.

Signé, en bas : H⁼ *Uppink*, 1789.

A. — H. 0,46. — L. 0,37.

95. — Pêches et raisins.

Dans un plat de delft, des pêches, une grenade ouverte. Sur le devant de la tablette, une grosse grappe de raisin rouge. En arrière du plat de pêches, une corbeille de raisins, de prunes, de nèfles, et des framboises.

Signé, en bas, en toutes lettres, et daté 1788.

Pendant du précédent.

VERDONK (C.)

Pas de renseignements biographiques sur ce peintre;
mais on rencontre un certain nombre de ses *Vues du Rhin* dans
les Catalogues de Hoet et Terwesten.

96. — Vue du Rhin, avec bateaux et quantité de figurines.

Signé: *C. Verdonk fecit*.

B. — H. 0,21. — L. 0,26.

97. — Vue du Rhin.

Pendant du précédent.

Même signature et même dimension.

VERSCHURING (HENDRIK).

98. — Halte de voyageurs.

Campagne italienne, éclairée par un soleil brillant. A gauche, près de ruines antiques, sont arrêtés trois voyageurs : deux hommes et une femme montée sur un cheval blanc. Un chien remonte un·chemin creux, venant d'une mare où se désaltèrent des animaux conduits par un pâtre. Dans le fond, à droite, une route suit le contour d'une colline boisée et vaporeuse.

Signé en toutes lettres, en bas, à gauche.

B. — H. 0,27. — L. 0,24.

VLIEGER (SIMON DE).

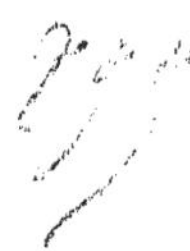

99. — Marine.

En avant, barque de pêcheurs, ballottée par le flot. A l'horizon, plusieurs navires.

Signé du monogramme.

B. — H. 0,26. — L. 0,31.

VLIET (HENDRIK VAN).

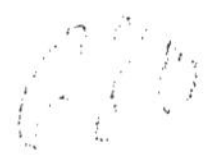

100. — Intérieur de temple protestant.

Au milieu, en avant, une colonne à chapiteau. A gauche, en retrait, une autre colonne au delà de laquelle une grille entr'ouverte sur un bas côté du temple, où de grandes fenêtres jettent la lumière. Groupe principal de trois personnages qui semblent examiner des plans. Deux hommes causent près de la grille. Aux derniers plans, on aperçoit encore quelques figurines. A droite, une des dalles est soulevée; un fossoyeur y creuse une fosse et cause avec un homme en grand manteau gris. Plus loin, dans la demi-teinte, huit ou dix figurines.

Signé : *H. Van. Vliet.* 1659.

T. — H. 0,80. — L. 0,57.

VLIET (WILLEM VAN DER).

Né à Delft en 1584, mort en 1642.

101. — Portrait d'homme.

En buste, de grandeur naturelle. Longs cheveux bruns ; col rabattu, costume noir.

B. — H. 0,78. — L. 0,58.

102. — Portrait de jeune femme.

En buste, tournée à droite. Cornette blanche, col rabattu, costume noir. Pendant du précédent.

WITTE (EMANUEL DE).

Né à Alkmaar en 1607, mort à Amsterdam en 1692. Élève de Evert van Aalst
et sectateur d'A. Cuijp.

103. — Intérieur de temple hollandais.

Superbe effet de contraste entre des accents de lumière sur la pierre
blanche et de grands partis pris d'ombre. Les différents plans, de colonne à
colonne, sont extraordinaires. En haut, à droite, un grand rideau verdâtre. Quantité de groupes et de figures, depuis le premier plan jusque
dans les fonds, hommes, femmes, enfants. En avant, une brouette et autres
accessoires.

Signé, à gauche, sur la base d'un pilier : E : D : WIT.

Les figures sont d'Aalbert Cuijp.

B. — H. 1,20. — L. 0,90.

WOUWERMAN (PHILIPS).

104. — Les Saltimbanques.

Épisode de kermesse. A gauche, sur une estrade, les saltimbanques don-
nent leur représentation. Les spectateurs sont groupés en avant : un paysan,
avec son enfant en croupe, est monté sur un cheval blanc ; le preneur de
rats, vu de dos, en rouge, tient de la main gauche sa longue gaule où pen-
dent des rats ; des paysans sont accompagnés de leurs enfants ; un gentilhomme et une dame, en robe de soie couleur safran, sont suivis d'un page
portant l'épée du seigneur. Beaucoup d'autres figurines. Au milieu, sur un
pont qui conduit au village, arrivent des hommes à cheval et des paysans.
A droite, au second plan, on voit le village, le champ de foire et de
kermesse. Beau ciel mouvementé.

A droite en bas, le monogramme.

B. — H. 0,47. — L. 0,65.

WIJNANTS (JAN).

105. — Paysage.

Au premier plan, un arbre dépouillé, une haie et des terrains éboulés, au
bord d'une mare, qui fait le coin gauche du tableau. A droite, sur un chemin qui descend d'un bois, vient de face un gentilhomme en pourpoint

WIJNANTS (JAN).

(Suite.)

rouge, précédé de son épagneul roux et blanc. A gauche, percée de paysage lumineux, avec un fond de dunes bleutées. Peinture extrêmement fine, blonde et harmonieuse.

Signé en bas, vers le milieu, en toutes lettres.
Les figures sont d'Adriaan van de Velde.
T. — H. 0,52. — L. 0,45.

WIJNTRACK (JAN) et HAGEN (JAN VAN DER).

106. — Paysage boisé.

En avant d'une pièce d'eau sont deux cygnes, une oie, ailes étendues, et d'autres oiseaux aquatiques. De l'autre côté de l'eau, un grand chêne et une lisière de forêt. A gauche, au bout de la pièce d'eau, on aperçoit les bâtiments d'une maison de campagne. Des canards, des cygnes, des hérons, etc., s'ébattent sur l'eau ou alentour.

Le paysage est de van der Hagen, qui a souvent travaillé avec Wijntrack, et la signature des deux maîtres est en bas, au milieu.
T. — H. 122. — L. 142.

ZEEMAN (RENIER).

107. Marine, avec un vaisseau et une barque.

B. — H. 0,13. — L. 0,16.

ZORG (HENDRIK MARTEN).

108. — Intérieur de cellier.

A gauche, un paysan fend du bois. A droite, un grand pot rouge, un seau, un grand bac en bois, une mue, un balai, etc.
B. — H. 0,24. — L. 0,34.

109. Divers tableaux non catalogués.

PARIS. — IMPRIMERIE DE J. CLAYE, RUE SAINT-BENOIT, 7.